HISTOIRES DRÔLES

Tome 30

Texte : Jeanne Olivier

Illustration de la couverture :
Philippe Germain

EH Héritage jeunesse

HISTOIRES DRÔLES No 30

Conception graphique de la couverture : Philippe Germain

Photocomposition : Reid-Lacasse

Dépôts légaux: 2e trimestre 1997
Bibliothèque nationale du Québec
Bibliothèque nationale du Canada

ISBN: 2-7625-8709-3   Imprimé au Canada

LES ÉDITIONS HÉRITAGE INC.
300, rue Arran, Saint-Lambert (Québec) J4R 1K5
(514) 875-0327

À tous ceux et celles
qui aiment collectionner,
écouter et raconter des blagues.

— Que dit un serpent à un autre serpent?
— Je ne sais pas.
— Quelle heure reptile?

* * *

Le pilote : Allô! tour de contrôle! Nous éprouvons présentement des difficultés de vol.

Le contrôleur aérien : Donnez-nous votre position et votre hauteur.

Le pilote : Euh... je suis assis aux commandes et j'ai 1 m 80.

* * *

Que dit un escargot sur le dos d'une tortue? Yahou!

* * *

Le fils : Papa, veux-tu signer mon bulletin, s'il te plaît?

Le père : Oui. Mais comment se fait-il que tu aies une note aussi basse en histoire?

Le fils : Papa, ce n'est pas ma faute, les choses que le prof nous apprend sont toutes arrivées il y a des années, avant que je naisse!

* * *

Paulo : Aujourd'hui, j'ai été le meilleur à l'école.

La mère : Comment ça?

Paulo : J'ai répondu que les poules avaient trois pattes.

La mère : Mais que dis-tu là? C'est faux!

Paulo : Oui, mais tous les autres ont répondu quatre pattes!

* * *

Qu'est-ce qui est rouge et qui monte et descend? Une tomate dans un ascenseur!

* * *

Lysiane : Où es-tu née, maman?

La mère : À Jonquière.

Lysiane : Et papa?

La mère : Il est né en Abitibi.

Lysiane : Et moi, je suis née à Montréal! C'est vraiment incroyable que nous ayons réussi à nous rencontrer!

* * *

Le téléphone sonne à trois heures du matin chez le bijoutier.

— Allô! répond-il tout endormi.

— Bonjour! J'ai laissé ma montre chez vous hier pour la faire réparer. Pourriez-vous me dire l'heure s'il vous plaît?

* * *

Au restaurant :

— Garçon! Il y a une araignée dans ma soupe!

— Je suis désolé, monsieur, mais toutes les mouches étaient occupées!

* * *

Au restaurant :

— Mademoiselle, je prendrais un café avec sucre mais sans crème.

— Je suis désolée, monsieur, il ne reste plus de crème. Est-ce que je peux vous servir un café avec sucre mais sans lait?

* * *

Aurélie revient de l'école.

— Ma chérie, lui dit sa mère, tu n'as pas fait trop de mauvais coups aujourd'hui à l'école?

— Oh non, maman! J'ai été trop occupée à être en retenue chez la directrice!

* * *

Madame Iceberg vient d'avoir un petit bébé. L'infirmière se tourne vers l'heureux papa et lui dit :

— Félicitations! C'est un glaçon!

* * *

Madame Pilon, qui vient d'avoir un bébé, rencontre une voisine à la pharmacie.

— Et comment va votre petite?

— Très bien. Vous savez qu'elle marche depuis deux mois!

— Ah oui? Elle doit être rendue loin!

* * *

— Comment faire pour savoir si un éléphant est entré dans le réfrigérateur?

— Je ne sais pas.

— Tu regardes s'il y a des traces dans le beurre!

* * *

Édith : Maman, tu sais, ça tombe vraiment bien que vous m'ayez appelée Édith.

La mère : Pourquoi?

Édith : Parce qu'à l'école, tout le monde m'appelle Édith!

* * *

Yves : C'est vrai que tu es sorti de la classe en plein milieu de l'après-midi?

Bernard : Oui, après ce que la prof m'avait dit, il n'était pas question que je reste une seconde de plus!

Yves : Mais que t'a-t-elle dit?

Bernard : «Au bureau du directeur tout de suite!»

* * *

Le prof : Avec quelle main est-il préférable de manger ses céréales?

L'élève : Je ne sais pas.

Le prof : Aucune. Il est fortement recommandé de manger ses céréales avec une cuillère!

* * *

Jeanne : Papa, voudrais-tu me donner un autre verre d'eau s'il te plaît?

Le père : Encore! Mais c'est le huitième que je te donne!

Jeanne : Je sais, mais ma chambre est en feu!

* * *

— Je t'avais pourtant demandé d'écrire «Bonne fête maman» sur le gâteau, dit Johanne à son frère.

— Je le sais, mais je n'ai jamais été capable de le faire entrer dans la machine à écrire!

* * *

Le chien des champs visite son cousin le chien des villes.

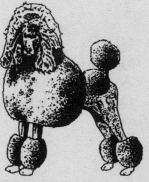

Ils aperçoivent un parcomètre sur le trottoir. Le chien des champs dit à son cousin :
— Tiens! Il y a des toilettes payantes en ville!

* * *

13

Un policier arrête un homme complètement ivre au volant.

— Vos nom et prénom!

— Lambghrtwysxchgreski, Srdjan.

— Bon, euh... pour cette fois, ça va, dit le policier en remettant son crayon dans sa poche. Mais que je ne vous y reprenne plus!

* * *

Olivier : Quelle est la différence entre un singe et un bureau?

Alexandre : Je ne sais pas.

Olivier : As-tu déjà vu un singe avec des tiroirs?

* * *

— Est-ce que les gens de ta famille font de la musique?

— Oui, il y a mon frère qui joue de la trompette depuis deux ans.

— Pauvre lui, il doit avoir mal aux lèvres!

* * *

Chez le médecin :

— Docteur, je ne sais pas trop ce qui m'arrive mais depuis quelque temps, j'ai toujours l'estomac dans les talons!

— Eh bien, enlevez vos souliers, madame, nous allons regarder ça!

* * *

La mère : Je suis sûre que ma fille a tout ce qu'il faut pour devenir astronaute.

La voisine : Pourquoi?

La mère : Elle est toujours dans la lune!

* * *

Il était une fois un homme qui était si petit que ses souliers sentaient le shampoing!

* * *

— Que dit le lion amoureux à sa lionne?

— Je ne sais pas.

— On est félins pour l'autre!

* * *

15

— Si tu n'es pas sage, dit la maman
chameau à son petit, tu n'auras pas de désert!

* * *

Maxime : Qu'est-ce qu'une framboise?

Violaine : C'est une cerise avec une permanente.

Maxime : Non, non, pas du tout! C'est une fraise qui a la chair de poule!

* * *

Lisanne : Quelle est l'épice préférée des dentistes?

Gilbert : Je ne sais pas.

Lisanne : Le cari.

* * *

Fabienne : Sais-tu quel est le comble de la patience?

France : Non.

Fabienne : C'est de nettoyer la trompe d'un éléphant avec un confetti plié en quatre!

* * *

Samuel rentre de l'école et oublie de fermer la porte. Sa grande sœur lui crie :

— Ferme la porte! Il fait froid dehors!

— Quoi? lui répond Samuel avec insolence, penses-tu que si je ferme la porte, il ne fera plus froid dehors?

* * *

Deux nigauds sont en voyage en Amazonie. L'un d'eux veut absolument ramener des souliers de crocodile à sa femme. Les deux amis s'en vont donc en expédition sur le bord de l'Amazone. Au bout de deux jours, l'un dit à l'autre :

— Je commence à en avoir marre, moi! Tous les crocodiles qu'on a vus jusqu'à présent n'avaient pas de souliers. Si le prochain n'en a pas non plus, moi je t'avertis, je m'en vais!

* * *

À la pâtisserie :
— Monsieur, est-ce que je coupe votre gâteau en six ou en huit morceaux?
— Bof... coupez-le en six, je n'ai pas assez faim pour huit morceaux!

* * *

Deux hommes des cavernes discutent :
— Je me suis massacré le dos à la chasse aux dinosaures!
— Pas sérieux! Un brontosaure t'est tombé dessus?
— Non, non. Je me suis fait ça en transportant le piège.

* * *

19

Roberto reçoit son cousin qui vit dans un pays des Tropiques. Celui-ci lui demande :

— Comment faut-il s'habiller ici quand il fait froid?

— Vite! répond Roberto.

* * *

Herman vient d'avoir son permis de conduire. Il va chercher son ami pour faire un petit tour de voiture. Les deux copains se promènent sur la route quand Herman dit :

— Oups! Il faut que je fasse attention, je viens de croiser un panneau qui disait : Maximum 50!

— Pas de problème, lui dit son ami. On est juste deux!

* * *

Quel est le comble de la pudeur?
C'est un homme qui perd sa montre et qui n'a pudeur!

* * *

Josette : J'aimerais beaucoup avoir cinquante dollars de dettes.

Mance : Mais tu es complètement folle! Pourquoi souhaiter une telle chose?

Josette : Parce que j'ai cent dollars de dettes!

* * *

Tara rend visite à ses grands-parents.

— Dis-moi, ma chérie, lui demande son grand-père, quel cours préfères-tu à l'école?

— Moi? La cour de récréation!

* * *

William : Connais-tu ma définition du mot «temps»?

Catherine : Non.

William : C'est une chose qui passe trop lentement pendant la semaine, et beaucoup trop vite pendant la fin de semaine!

* * *

Le prof : Savez-vous pourquoi le loup a les yeux fermés quand il hurle?

Théo : Moi je sais!

Le prof : Oui?

Théo : Parce qu'il connaît sa chanson par cœur!

* * *

— Sais-tu pourquoi les squelettes détestent autant l'hiver?

— Non.

— Parce que le froid les glace jusqu'aux os!

* * *

Toc! toc! toc!

— Qui est là?

— Tara.

— Tara qui?

— Tara pas de dessert si tu continues comme ça!

* * *

— Ça va plutôt mal avec ma femme ces temps-ci.

— Comment ça?

— Elle passe ses soirées au casino.

— Ne me dis pas qu'elle a un problème de jeu?

— Non, elle me cherche!

* * *

Un poisson entre en collision avec un autre poisson qui passait par là.

— Tu ne peux pas faire attention!

— Excuse-moi, j'avais de l'eau dans les yeux!

* * *

— Connais-tu le chanteur préféré des millionnaires?

— Non.

— C'est Johnny Cash!

* * *

Viviane : Est-ce que tu joues encore au Scrabble avec Ève?

Bastien : Non.

Viviane : Pourquoi?

Bastien : Est-ce que tu jouerais, toi, avec quelqu'un qui triche dès que tu as le dos tourné?

Viviane : Non!

Bastien : Eh bien, elle non plus!

* * *

Deux camarades marchent ensemble vers l'école :

— Pourquoi ton professeur porte toujours des verres fumés?

— C'est parce que ses élèves sont trop brillants!

* * *

Le père : Moi, j'ai toujours été premier en classe!

La fille : Toi, papa? Je n'arrive pas à le croire!

Le père : Oui, oui, je te le dis! À 7 h 15 au plus tard j'étais toujours là!

* * *

Le prof : Charlie, peux-tu me nommer une chose exceptionnelle qui a changé notre vie et qui est apparue dans les cinquante dernières années?

Charlie : Oui, moi!

* * *

Monsieur Machintruc cherche un nouvel emploi. Il rencontre un futur patron éventuel.

— Quel serait mon salaire?

— Disons trois cents dollars par semaine pour commencer. Plus tard, je pourrai vous donner une augmentation.

— Très bien. Je crois que je reviendrai plus tard, dans ce cas-là!

* * *

— Mon cousin habite au Sahara.

— Dans le désert?

— Oui. Et il vient de commencer un nouveau travail dans un journal de la région.

— Comment s'appelle le journal?

— L'Hebdromadaire!

* * *

Chez le médecin :

— Docteur, ça ne va pas très bien ces temps-ci.

— Expliquez-moi ce qui se passe.

— Eh bien, j'ai un caractère de cochon, j'ai toujours une faim de loup, pourtant je suis fort comme un bœuf et j'ai une mémoire d'éléphant!

— Cher patient, ce n'est pas moi que vous devriez voir, c'est un vétérinaire!

* * *

Ramon : Sais-tu pourquoi les souris n'aiment pas les devinettes?

Gisèle : Non.

Ramon : Parce qu'elles ont peur de donner leur langue au chat!

* * *

Deux souris se rencontrent sur le trottoir :

— Attention! Il y a un gros chat noir de l'autre côté de la rue!

— Et puis? Je ne suis pas superstitieuse!

* * *

À l'école, le directeur cherche un élève qui pourra le seconder dans un projet d'aide aux plus jeunes. Agatha se rend au bureau du directeur pour présenter sa candidature.

Le directeur : Comme ça tu crois que tu peux m'aider dans cette tâche?

Agatha : Oh oui!

Le directeur : Tu sais, j'ai besoin de quelqu'un de très responsable!

Agatha : Alors je suis sûre de faire l'affaire!

Le directeur : Comment ça?

Agatha : Dans ma classe, mon prof m'a dit que chaque fois qu'il y a quelque chose qui cloche, c'est moi la responsable!

* * *

Il est trois heures du matin, et le téléphone sonne chez Cédric.

— Allô...

— Allô! Je te réveille?

— Continue, ça s'en vient!

* * *

Chez le médecin :

— Que puis-je faire pour vous?

— Oh, docteur, ça va mal!

— Quel est votre problème?

— Depuis quelque temps, je me sens toujours épuisé, j'ai mal au ventre, à la tête!

— Y a-t-il autre chose?

— Oui, c'est même rendu que j'ai de la misère à mettre un pied devant l'autre!

— Pauvre vous! Vous auriez dû venir en voiture!

* * *

Dans le Grand Nord, un homme grelotte en attendant son amoureuse avec qui il a rendez-vous.

— Si elle n'est pas là à moins vingt, dit-il en regardant le thermomètre, moi je m'en vais!

* * *

Hélène : Qui disparaît aussitôt que la chaleur arrive?

Margot : Je ne sais pas.

Hélène : Le bonhomme de neige!

* * *

Bébé serpent : Papa, est-ce que c'est vrai que nous sommes venimeux?

Papa serpent : Mais bien sûr!

Bébé serpent : Tu en es certain?

Papa serpent : Mais oui!

Bébé serpent : Oh non!

Papa serpent : Pourquoi tu t'inquiètes?

Bébé serpent : Parce que je viens de me mordre la langue!

* * *

Monsieur Beauregard a pris rendez-vous avec un grand spécialiste qui demande très cher pour ses consultations. Quand arrive son tour, monsieur Beauregard entre dans le bureau du spécialiste et se dépêche de lui demander :

— J'aimerais savoir combien coûte chaque question?

— C'est cent dollars la question. Deuxième question?

* * *

— Je trouve qu'aller à la pêche est une merveilleuse façon de relaxer!

— Ça dépend pour qui!

— Qu'est-ce que tu veux dire?

— Tu demanderas à un ver de terre s'il est de ton avis!

* * *

Au restaurant :

— Garçon! Il y a une mouche dans ma soupe!

— Eh bien, c'est sans doute une mouche qui a beaucoup de goût!

* * *

Dimitri : Sais-tu ce que dit la petite aiguille d'une horloge à la grande aiguille?

Axel : Non.

Dimitri : Rendez-vous à midi!

* * *

Mylène : Qu'est-ce qui marche à quatre pattes au printemps, sur deux pattes l'été, et sur
trois pattes l'hiver?

Yolande : Je ne sais pas.

Mylène : L'être humain.

* * *

À l'arrêt d'autobus, la maman escargot dit
à son petit :

— Ne t'éloigne pas trop! L'autobus passe
dans deux heures!

* * *

34

— Qu'est-ce qui fait le tour du monde en restant toujours dans le même coin?
— Je ne sais pas.
— Un timbre!

* * *

Toc! toc! toc!
— Qui est là?
— Lara.
— Lara qui?
— Lara tatouille du dîner était excellente!

* * *

Philippe est en vacances sur le bord de la mer. Il entre dans une petite boutique et demande :
— Je voudrais des lunettes, s'il vous plaît!
— C'est pour le soleil? lui demande le vendeur.
— Non, non, c'est pour moi!

* * *

À l'aréna :

— Je peux tracer quatre fois de suite le chiffre huit sur la glace, dit Guylaine à son entraîneur.

— Mais ma pauvre petite, c'est un mouvement de débutant en patinage!

— En chiffres romains?

* * *

Sandrine : Sais-tu comment fait un canard aveugle pour se promener dehors?
Luis : Non.
Sandrine : Il prend sa cane!

* * *

— Sais-tu pourquoi les chirurgiens portent des gants pour opérer?
— Non.
— Pour ne pas laisser d'empreintes digitales!

* * *

Elles se
détendent
avant de poursuivre
leur lecture. Fais
comme elles. Va faire un
peu d'exercice. Et reviens à ce livre!

Un vieux pou se promène sur le crâne d'un chauve avec son petit-fils.

— Tu vois, lui dit-il, quand j'étais petit, il y avait juste un sentier ici. Maintenant, c'est devenu une autoroute!

* * *

La mère de Justine, très en colère, appelle sa fille :

— Justine!

— Oui maman?

— J'avais laissé deux pâtisseries dans le frigo pour ce soir et il n'en reste qu'une! Peux-tu m'expliquer ça?

— Oh! c'est que je n'avais pas vu l'autre!

* * *

Deux puces sortent du cinéma.

— Oh non! Il pleut!

— Qu'est-ce qu'on fait? On marche ou on prend un chien?

* * *

Dans une boutique de vêtements, une dame demande :

— J'aimerais bien essayer la jolie robe dans la vitrine.

— Mais madame, nous avons des salles d'essayage!

* * *

Rémi : Si un train électrique se dirige vers l'ouest, vers quel côté se dirigera la fumée?

Dorothée : Euh... vers l'est?

Rémi : Il n'y a pas de fumée, c'est un train électrique!

* * *

Manuel : Sais-tu combien de temps on peut vivre sans cerveau?

Michel : Non.

Manuel : Quel âge as-tu?

* * *

La fille : Je crois que je vais changer d'école.

La mère : Pourquoi?

La fille : Mon prof ne sait rien.

La mère : Qu'est-ce qui te fait dire ça?

La fille : Il est toujours en train de me poser des questions. « Comment s'écrit tel mot?»,

«Que veulent dire les mots synonyme et antonyme?»,

«Combien font trois plus quatre?», «Qui a découvert ce pays?»!

* * *

— J'aimerais beaucoup t'envoyer un cadeau pour ta fête!

— Tu me gênes. Ce n'est vraiment pas nécessaire!

— J'y tiens vraiment!

— Ah... laisse faire! Donne-moi ton adresse et j'irai le chercher moi-même!

* * *

Quel est le comble de la patience?
Tricoter des pantoufles à un mille-pattes!

* * *

— Comme ça tu es bonne en cuisine?

— Je suis excellente!

— Alors tu peux me donner des conseils?

— Bien sûr! Que veux-tu savoir?

— Comment on fait des beignes.

— Très simple : tu prends un trou, et tu mets de la pâte autour!

* * *

41

Une banque se fait cambrioler une cinquième fois par le même bandit.

— Avez-vous remarqué quelque chose de particulier chez le voleur? demande un policier à la caissière.

— Oui, il est de mieux en mieux habillé à chaque fois!

* * *

La girafe est tellement grande que quand elle se mouille les pieds, ça lui prend un mois avant d'éternuer!

* * *

Deux amies se parlent :

— Ça m'énerve tellement quand tu es toujours d'accord avec moi! J'en ai assez! Tu me fais penser à un vrai mouton! Tu ne crois pas qu'il serait temps que tu commences à prendre tes propres décisions?

— Oui, tu as raison...

* * *

On assiste à un combat de boxe très attendu. Après quatre rounds, l'entraîneur dit à son boxeur :
— Écoute-moi bien! Est-ce que c'est le championnat de boxe que tu veux remporter ou bien le prix Nobel de la paix?

* * *

Cathia : Sais-tu ce que c'est un réveille-matin?

Laurent : Euh...

Cathia : C'est un appareil qui oublie de sonner le matin d'un examen important et qui fonctionne pourtant très bien le samedi matin, quand il n'y a aucune raison de se lever!

* * *

Toc! toc! toc!
— Qui est là?
— L'abbé.
— L'abbé qui?
— L'abbé mol se trouve entre le sol et le la!

* * *

— Il paraît qu'écouter la musique est une excellente façon de se détendre.
— Peut-être, à condition de ne pas avoir un voisin trompettiste!

* * *

André : Qu'est-ce qui est blanc et qui monte et descend?

Pauline : Je ne sais pas.

André : Un flocon de neige qui n'arrive pas à se décider!

* * *

Deux copains s'en vont à l'école ensemble en discutant :

— Chez nous, il y a eu une panne de courant hier soir.

— Chez moi aussi!

— Qu'est-ce que tu as fait de ta soirée?

— J'ai regardé la télévision.

— Mais tu viens de me dire que vous n'aviez pas d'électricité!

— C'est pour ça que je ne t'ai pas dit que j'avais écouté la télévision mais bien que je l'avais regardée!

* * *

Ariane se rend à l'animalerie pour échanger son perroquet.

— Quoi? demande le vendeur, il ne parle pas?

— Oh oui! Il n'arrête pas une seule seconde de raconter des blagues.

— Et tu en as assez?

— Non, ce n'est pas ça. Mais je connais toutes les blagues par cœur!

* * *

Deux copines discutent :

— Regarde mon nouveau chandail 50% laine, je l'adore!

— Oui, il est beau! Mais le mien est encore mieux!

— Comment ça?

— C'est un chandail 50% de rabais!

* * *

Dominique : Connais-tu le plus grand rêve de tous les chiens?

Suzanne : Non.

Dominique : C'est de déterrer un squelette!

* * *

Noémie : Quel type de lait produisent les vaches du désert?

Blanche : Je ne sais pas.

Noémie : Du lait en poudre!

* * *

Antoine : Tu veux jouer avec moi?
Pierre : Non.
Antoine : Pourquoi?
Pierre : Tu triches toujours! Tu sais ce qui va finir par t'arriver?
Antoine : Oui, je vais gagner!

* * *

Deux copains discutent :

— Hier c'était la fête de ma sœur, et j'ai failli l'oublier!

— Ouf! Moi j'ai oublié l'anniversaire de ma sœur l'année passée.

— Et qu'est-ce qu'elle a dit?

— Rien... pendant six mois.

* * *

Danièle : Tu veux dire que tu as laissé tomber ton amoureux parce qu'il portait des lunettes?

Carmen : Non, ce n'est pas tout à fait ça.

Danièle : Explique-toi!

Carmen : Eh bien, quand il a mis ses lunettes, c'est lui qui m'a laissée...

* * *

Richard : Moi, j'ai toujours eu de la difficulté à prendre des décisions. Et toi?

Mireille : Moi? Oui... et non.

* * *

Le fils : Maman, aujourd'hui on a parlé des statistiques à l'école!

La mère : Qu'est-ce que tu as appris?

Le fils : Qu'un homme sur vingt-cinq mesurait plus de six pieds.

La mère : Tu as raison, et en plus c'est toujours lui qui est assis devant moi au cinéma!

* * *

Deux voisins discutent :
— Es-tu satisfait de ta voiture?
— Pas vraiment, non. Un vrai citron!
— Comment ça?
— Eh bien, la seule chose qui ne fait pas de bruit sur ma voiture, c'est le klaxon!

* * *

Geoffroy : Dans ma famille, tout le monde a le même nez.

Alain : Ah bon, c'est drôle! Chez nous, on a chacun le nôtre!

* * *

Pourquoi le jardinier dit-il des gros mots à ses tomates?

C'est pour les faire rougir!

* * *

Le prof accueille un nouvel élève dans la classe.

— Comment t'appelles-tu?

— Jérémie, sans s.

— Que dis-tu?

— J'ai dit Jérémie, sans s.

— Mais Jérémie ça ne prend jamais de s.

— Je le sais, c'est ce que je vous dis depuis tantôt!

* * *

— Tu sais pourquoi les éléphants portent des collants blancs?

— Non.

— Parce que les noirs sont au lavage!

* * *

Raphael : Quel est le comble de la vengeance?

Marie-Michèle : Je ne sais pas.

Raphael : Mettre de la poudre à gratter à un maringouin!

* * *

Le directeur reçoit dans son bureau deux élèves qui se sont battus dans la cour de récréation.

— Victor, est-ce que c'est vrai que tu as cassé une raquette de badminton sur la tête de Gilberto?

— Oui, mais je n'ai pas fait exprès!

— Ah, il me semblait bien! Tu ne voulais pas faire mal à Gilberto?

— Non, je ne voulais pas briser la raquette!

* * *

Drrrrring!

— Patron, c'est pour vous, je pense.

— Comment ça, tu penses? C'est pour moi, oui ou non?

— Ben... la personne au bout du fil aimerait bien parler à l'imbécile qui dirige la compagnie!

* * *

53

La police poursuit un voleur sur le toit d'un gratte-ciel. Le bandit trébuche et tombe! Il s'écrie alors :

— Arrêtez-moi! Je suis un voleur!

* * *

Un explorateur tombe sur un village de cannibales dans la jungle. Les habitants de ce village sont heureux de montrer leurs trésors à leur visiteur. Le chef tend à l'explorateur un grand livre.

— Quel bel album de photos! s'exclame le visiteur.

— Ce n'est pas un album de photos, dit le chef, c'est mon livre de cuisine!

* * *

— As-tu entendu la blague sur le plafond?
— Il est bien haut au-dessus de ta tête.

* * *

Dans le métro, une dame sort du wagon en oubliant un sac sur le siège.

— Madame, lui crie un passager, vous oubliez quelque chose!

— Non, non! C'est le lunch de mon mari, il travaille aux objets perdus!

* * *

Au zoo, deux employés discutent des animaux dont ils s'occupent.

— Moi, j'ai découvert que mes kangourous adoraient la lecture.

— C'est vrai? Mais que lisent-ils?

— Des livres de poche!

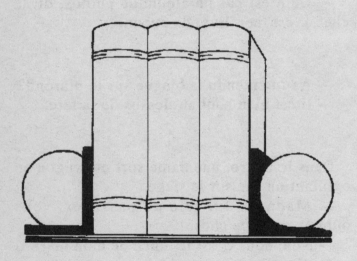

* * *

Claudia : Quand je mange trop de chocolat, je n'arrive pas à m'endormir.

Marco : C'est drôle, moi c'est le contraire. Quand je dors, je n'arrive pas à manger du chocolat!

* * *

La petite araignée revient de l'école et demande :

— Qu'est-ce qu'on mange ce soir pour dessert?

— Une mouche au chocolat!

* * *

— Quel était cet appel?

— Oh ce n'était rien, quelqu'un qui disait que c'était un interurbain en provenance de la Côte-d'Ivoire et je lui ai dit qu'il avait raison.

* * *

Sacha : Sais-tu quel est le spectacle préféré des écureuils?

Tamara : Non, je ne sais pas.
Sacha : Le ballet Casse-Noisettes!

* * *

— Maman, maman! s'écrie une petite fille en rentrant de l'école. Je sais compter sur mes doigts.

— Ah oui? Montre-moi ça, lui demande fièrement sa mère.

— Regarde, lui dit sa fille. Un doigt, un doigt, un doigt, un doigt et encore un doigt.

* * *

Une employée d'une société d'aviation demande à un client :

— C'est vous qui voulez aller à Rimouski par le vol hyperéconomique?

— C'est bien moi, lui répond le monsieur.

— Alors, tendez les bras pour que je puisse fixer vos ailes et vous pourrez prendre votre envol.

* * *

Pourquoi le homard rougit-il?
Parce qu'il a vu la sauce à salade.

* * *

— Papa, si je plante ce noyau dans le jardin, est-ce qu'il va pousser un citronnier?

— C'est possible, fillette.

— C'est curieux, c'est un pépin d'orange.

* * *

— Je n'aimerais pas du tout être une girafe, confie Jean-François à sa mère.

— Pourquoi? lui demande celle-ci.

— Ça me ferait un bien trop long cou à laver chaque matin, soupire le petit garçon.

* * *

La vétérinaire tient un lance-pierres et dit au gardien du zoo :

— J'ai besoin de votre aide. Je ne vous demande qu'une toute petite chose. Chatouillez l'hippopotame sous le ventre pour le faire rire à gorge déployée. J'en profiterai pour lui envoyer ses médicaments.

* * *

Ça fait au moins quinze minutes que la mère de Jocelyne est assise sur le bord de son lit à lui chanter des berceuses. À la fin, Jocelyne lui demande :

— Est-ce que tu me laisses m'endormir maintenant, maman, ou si tu veux encore chanter?

* * *

Au restaurant :

— Alors, garçon, les glaçons que je vous ai demandés, vous me les apportez?

— C'est que je les ai rincés à l'eau chaude, et je ne les trouve plus...

* * *

Un citadin fait une balade sur un petit chemin de campagne. Il ne sait plus où il est rendu. Tout à coup, le chemin bifurque et il n'y a aucune affiche. Un vagabond s'approche.

— Dites-moi, demande le citadin, où conduit le chemin qui va vers la gauche?

— Je ne le sais pas, répond le vagabond.

— Et où mène le chemin qui va vers la droite? reprend le citadin.

— Je l'ignore, fait encore le vagabond.

— Vous n'êtes pas très brillant, s'exclame le citadin.

— Je ne suis peut-être pas brillant, mais moi, au moins, je ne suis pas perdu.

* * *

Une maman présente sa fillette de cinq ans à la directrice de l'école.

— Madame, explique cette dernière, vous savez que l'âge requis pour commencer l'école est six ans.

— Je suis certaine que ma fille peut passer le test des élèves de six ans, répond la maman.

— C'est ce que nous allons voir, fait la directrice qui s'adresse à l'enfant.

— Pourrais-tu me dire quelques mots qui te traversent l'esprit?

D'un air sérieux, la fillette demande à la directrice :

— Préférez-vous des phrases bâties selon la stylistique et qui se voudraient l'expression logique de ma pensée, ou vous contenteriez-vous que j'articule des mots tout simples, compréhensibles, que je pourrais facilement puiser dans ma fertile imagination?

* * *

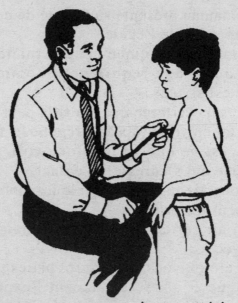

— Docteur, est-ce que je pourrai jouer au baseball quand je n'aurai plus de plâtre?

— Bien entendu, mon garçon.

— Oh, merci, parce que je ne pouvais pas jouer avant.

* * *

— Notre femme de ménage est une vraie perle, racontent Lulu et Jean à leurs amis. Elle est tellement honnête que rien n'a disparu depuis qu'elle travaille chez nous. Même pas un grain de poussière.

* * *

Deux adolescents discutent de leur mère.
— Ma mère gagne sa vie avec sa plume, elle est écrivaine, dit le premier.
— C'est drôle, répond le deuxième, la mienne aussi gagne sa vie avec sa plume. Elle passe ses journées à rédiger des contraventions.

* * *

Un sourd s'assoit sur un banc, dans un parc.
— Faites attention, lui dit un gardien, ce banc vient juste d'être repeint.
— Comment? demande le sourd.
— En vert, répond le gardien.

* * *

65

Jessica : Aujourd'hui c'est mon anniversaire! Je suis tellement heureuse! Je me sens transformée! J'aurais envie de faire des folies! De faire des choses que je n'ai jamais faites avant!

La mère : Que dirais-tu de faire le ménage de ta chambre?

* * *

Qu'est-ce que le téléphone?
C'est un appareil de communication qui sonne juste au moment où vous êtes sous la douche!

* * *

Toc! toc! toc!
— Qui est là?
— Sara.
— Sara qui?
— Sara dio, elle l'a reçue pour son anniversaire!

* * *

— Ne parle pas trop fort! dit la bibliothécaire à l'enfant. Les gens à côté de toi sont incapables de lire.

— Quelle honte! Moi, je sais lire depuis que j'ai six ans.

* * *

Que font les avares quand il fait froid?
Ils s'assoient autour d'une chandelle.

* * *

Que font les avares quand il fait très très froid?
Ils allument la chandelle.

* * *

Au restaurant :
— Mademoiselle! Il y a une araignée dans ma crème glacée!
— Et alors? Elle va geler, et c'est bien bon pour elle! Elle n'avait qu'à faire attention!

* * *

Le prof : Qu'ont en commun un corbeau et un roseau?
L'élève : Les trois dernières lettres...

* * *

Mathias : Quel est l'exploit le plus difficile à réaliser?

Geneviève : Je ne sais pas.

Mathias : Ouvrir un sac d'arachides et n'en manger qu'une seule!

* * *

Chez le médecin :

— Combien d'heures dormez-vous par jour, monsieur?

— Deux ou trois.

— Seulement? Mais ce n'est vraiment pas assez!

— Moi ça me va. Il faut dire que je dors au moins huit heures chaque nuit!

* * *

— Quel est le plus grand portefeuille du monde?

— Je ne sais pas.

— L'arbre!

* * *

Monsieur Chose : Pour faire changement du homard, je suis allé pêcher à la truite. J'en ai attrapé une qui mesurait bien 40 cm de long!

Monsieur Untel : Ouais, ouais... Est-ce que des gens l'ont vue, la fameuse truite?

Monsieur Chose : Oui, il y avait des témoins! Sinon, tu peux être sûr qu'elle aurait mesuré au moins 10 cm de plus!

* * *

Une femme se berçait sur son perron et semblait se parler à elle-même. De temps à autre, elle éclatait de rire ou bien elle criait bof! Le policier qui faisait sa ronde et la surveillait depuis quelque temps s'approche d'elle pour lui demander ce que signifiait son comportement.

— Voyez-vous, monsieur l'agent, je me raconte des histoires et, sans me vanter, la plupart sont drôles.

— Pourquoi alors lancez-vous des bof? questionne le policier.

— Je dis bof! d'expliquer notre bonne dame, lorsqu'il s'agit d'histoires que j'ai déjà entendues.

* * *

Arthur : Pourquoi mets-tu ta canne dans ton lit lorsque tu te couches?

Édouard : Parce que je suis somnambule.

* * *

71

— Qu'est-ce qui est bleu et qui ne se mouille jamais quand il va dans l'eau?

— Je ne sais pas.

— Un bleuet dans un sous-marin!

* * *

Le chef des nouvelles fait venir la journaliste à son bureau.

— As-tu écrit un article concernant cet artiste qui chante avec des voix de ténor et de baryton simultanément?

— Pas la peine, répond la journaliste. L'histoire ne valait pas le coup. Cet artiste a tout simplement deux têtes!

* * *

À quel moment cueille-t-on les framboises? interroge le professeur.

— Quand le propriétaire du champ est absent! répond Jeannot.

* * *

$$1 + 1 = 2$$
$$2 + 2 = 4$$
$$4 + 4 = \;?$$

La professeure : Céleste, si un et un font deux, et deux plus deux font quatre, combien feront quatre plus quatre?

Céleste : Ce n'est pas juste, madame; vous répondez aux questions les plus faciles et vous gardez les plus difficiles pour nous.

* * *

Un petit garçon est assis sur un de ses amis pour l'empêcher de se relever.

— Que se passe-t-il? demande la surveillante de la récréation.

— Il m'a donné un coup de poing dans l'œil, se plaint le garçon.

— Et tu le lui as rendu? veut savoir la surveillante.

— Non, madame.

— Ah bon! Tu ne lui as pas rendu son coup de poing? s'étonne la dame.

— Non. Ma mère veut que je compte jusqu'à cent avant de me mettre en colère.

— Et pourquoi empêches-tu ton copain de s'en aller?

— Je veux qu'il soit encore là quand j'aurai fini de compter!

* * *

Ma cave est tellement humide que, lorsque j'installe un piège à souris, j'attrape un poisson.

* * *

Un journaliste demande à un voyageur quelle a été la plus grande émotion lors de son voyage autour du monde.

— Sans aucun doute, répond le voyageur, le jour où j'ai été fait prisonnier par des cannibales en visitant les îles Sandwich.

* * *

Encore un livre d'histoires drôles terminé! Mais il y en aura d'autres en kiosques prochainement.

En attendant, pourquoi ne participes-tu pas au concours dont les détails te sont donnés en page suivante?

À bientôt!

CONCOURS

Tu dois connaître, toi aussi, de courtes histoires drôles. Alors, pourquoi ne pas nous en faire parvenir quelques-unes?

Parmi celles reçues, certaines seront retenues pour publication et l'auteur(e) recevra une surprise.

Participe le plus vite possible et envoie tes histoires drôles à :

CONCOURS HISTOIRES DRÔLES
Les éditions Héritage inc.
300, rue Arran
Saint-Lambert (Québec)
J4R 1K5

Nous avons hâte de te lire!
À très bientôt donc!

ACHEVÉ   D'IMPRIMER
EN   MARS   1997
SUR LES PRESSES DE
PAYETTE & SIMMS INC.
À SAINT-LAMBERT (Québec)